# ReCoRTaR ARMAR Y CReaR

## Muñecos, títeres y móviles de cartón

Edición:
Anabel Jurado

Textos e ilustraciones:
Hebe Gardes
y Andrea Sanmartín

Diseño:
Marcelo Torres

Gardes, Hebe
    Recortar, armar y crear / Hebe Gardes y Andrea Sanmartín. - 1ª ed. - Ciudad
Autónoma de Buenos Aires: Uranito Editores, 2013.
    96 pp.; 28 x 24 cm - (Manos de tijera)

    ISBN 978-987-703-031-0

    1. Libros de Entretenimientos para Niños. I. Sanmartín, Andrea II. Título
    CDD 793.205 4

© 2013 *by* Hebe Gardes y Andrea Sanmartín
© 2013 *by* EDICIONES URANO S.A. - Argentina
Paracas 59 - C1275AFA - Ciudad de Buenos Aires
info@uranitolibros.com.ar / www.uranitolibros.com.ar

1° edición

ISBN 978-987-703-031-0
Queda hecho el depósito que establece la ley 11.723

Impreso en Gráfica Galt
Ayolas 494 - CABA
Marzo 2014

Impreso en Argentina. *Printed in Argentina*

# Recortar armar y crear

## Muñecos, títeres y móviles de cartón

Andrea Sanmartín
y
Hebe Gardes

**URANITO EDITORES**
**ARGENTINA - CHILE - COLOMBIA - ESPAÑA**
**ESTADOS UNIDOS - MÉXICO - PERÚ - URUGUAY - VENEZUELA**

# ÍNDICE

# ¿Qué encontrarás en este libro?

## Presentación

Este es un libro para "recortar, armar y crear".

En sus páginas encontrarás ideas y modelos para crear con cartones, recortando y armando muñecos articulables, personajes que esconden sorpresas, títeres y marionetas con sus teatros y móviles para llenar de magia tu habitación. Cada propuesta trae además las instrucciones, los materiales y herramientas que precisarás, junto con poesías y actividades.

## Entonces, para usar y leer este libro, solo necesitarás:

Ganas, tijera.

Manos, ideas.

Papel de calcar,
muchas ganas de jugar.

Voces que entonen
diferentes emociones.

Ganchos mariposa
y alguna que otra cosa.

Papeles, cartón
y una canción.

Un soñador...

Lo que importa es tu color.

# Nos preparamos
## para "recortar, armar y crear"

Este es el momento de convertir una mesa de comer en mesa de taller. Y si no quieres salir corriendo a buscar algo que has olvidado, justo en el instante en que una idea maravillosa llega a visitarte, entonces necesitarás preparar los materiales y el espacio de trabajo. Cuentan por ahí, que algunas personas creativas se han perdido en la aventura de buscar un travieso ganchito mariposa que decidió saltar a un cajón repleto de figuritas. Y aunque una pizca de caos es parte del taller, no estaría bien confundir el pegamento con un jugo o una tijera con un cuchillo. Por no hablar de un papel de calcar que algún adulto distraído transforme en mantel ocasional para no marcar la mesa con la taza de café.

## Materiales y espacio de trabajo

**1** **Cubrir la mesa para no correr riesgos de mancharla.**
Utiliza para ello un plástico cualquiera, bolsas de residuo abiertas por el medio y sujetas con trozos de cintas de papel, o simplemente hojas de periódico.

**2** **Prepara una caja con herramientas y materiales.**
Puedes ponerle una etiqueta para identificar el contenido.

### Herramientas y materiales:

Tijeras, lápiz negro, pinceles, paleta o platito de plástico, recipiente para agua, trapo, cola vinílica y/o pegamento en barra, hojas de calcar, cartulina y/o cartones delgados (puedes utilizar algunos envases o la parte trasera de los blocs de hojas de dibujo), ganchos mariposa, papeles de colores (glasé, recortes de revistas, papeles de regalo, etc.) fibras, crayones, pinturas, brillantina.

Y todo lo que quieras agregar.

**3** ¡¡👁¡¡

¡¡No mezcles los sobrantes de las hojas recortadas con las partes del objeto que estás armando!!

→ Consigue una bolsa de residuos y/o una papelera para ir tirando los restos.

→ Busca un sobre tamaño A4 u oficio o una carpeta de solapas. Guarda allí, a medida que vas recortando, las partes de las figuras que deseas armar.

**4** Hora de arremangarse y poner ¡¡manos a la obra!!

# Diccionario de instrucciones

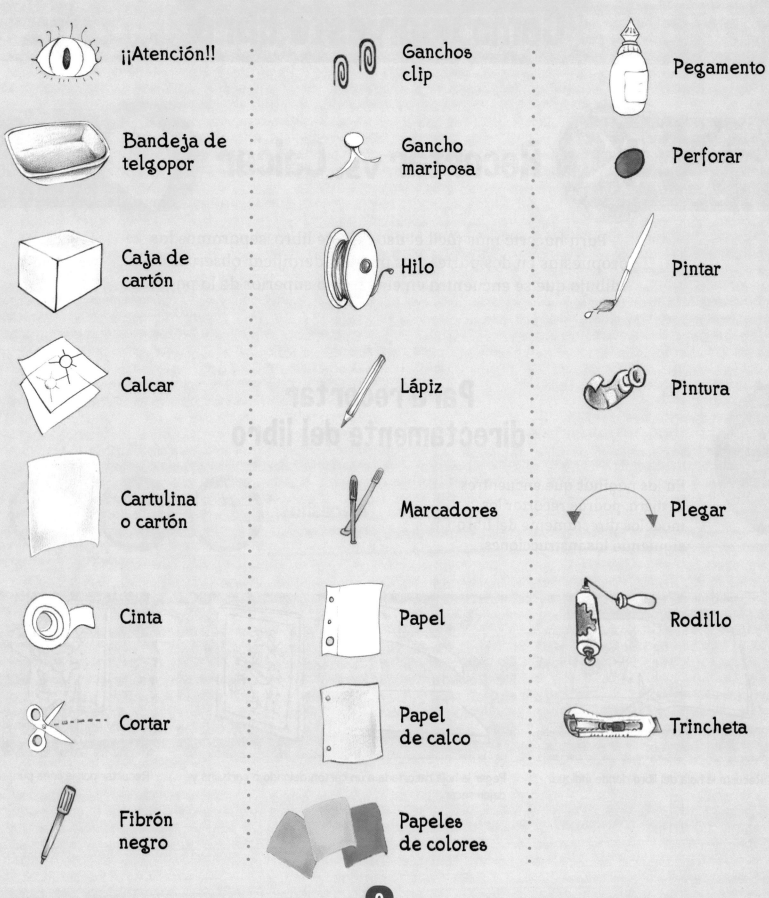

¡¡Atención!!

Bandeja de telgopor

Caja de cartón

Calcar

Cartulina o cartón

Cinta

Cortar

Fibrón negro

Ganchos clip

Gancho mariposa

Hilo

Lápiz

Marcadores

Papel

Papel de calco

Papeles de colores

Pegamento

Perforar

Pintar

Pintura

Plegar

Rodillo

Trincheta

# Cómo usar este libro

 Recortar vs. Calcar

Para hacerte más fácil el uso de este libro, separamos las propuestas en dos partes. Las puedes identificar observando el dibujo que se encuentra en el extremo superior de la página.

## Para recortar directamente del libro

En las páginas que encuentres la tijera, podrás recortar los modelos directamente del libro siguiendo las instrucciones.

**Necesitas:**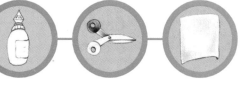

Recorta la hoja del libro donde indique.

Pegar la hoja recortada a un cartón delgado o cartulina y dejar secar.

Recortar por la línea punteada.

# Papeles mágicos
## Papel calco o papel vegetal

### Necesitas:

### Pasos:

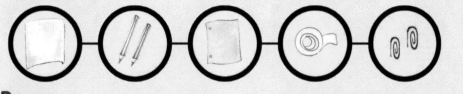

Colocar el papel de calco sobre la figura a calcar y sujetar con ganchos-clip.

Retirar el papel de calco y ponerlo del revés para rayarlo con un lápiz negro. Sujetar la cartulina y sobre ella, el papel con la parte rayada de cara a la cartulina. Repasar las líneas de la figura.

¡Sorpresa! El dibujo ya está en la cartulina.

## Papel carbónico

 El papel carbónico tiene dos caras: una brillante, generalmente con la marca del producto o algún dibujo, y otra opaca. Esta cara más brillante debe estar apoyada sobre el libro, mientras que la opaca debe estar en contacto con la hoja o cartulina sobre la que quieras traspasar la imagen elegida.

### Necesitas:

### Pasos:

Del lado de atrás de la figura a copiar, sujetar el papel carbónico. En la página continua, sujetar la cartulina.

Dar vuelta la página. Remarcar con lápiz negro las líneas de la figura a copiar.

Quitar la cinta y los ganchos y... ¡El dibujo ya está en tu cartulina!

# Muñecos de cartón articulables

## Para armar, mover y jugar

En tu habitación, una cama se convierte en castillo o nave. Una silla o una mesa son tu escenario. Solo faltan los personajes para estos juegos. Recorta o calca las figuras de estas páginas y habrás dado así el primer paso.

Sigue las instrucciones y al terminar los personajes descubrirás que sus brazos, alas, piernas, son articulables. Pero todavía les falta algo a estos bichos, seres fantásticos y animales que cantan y bailan; que los muevas y les prestes la voz para transformarse en los actores de tus historias.

Esta orquesta de animales, ¿qué canciones cantará? ¿Y esas canciones, estarán hechas con palabras o con sonidos de animales? ¿Te atreves a formar parte de la orquesta?

¿Y los seres fantásticos que has creado, de dónde vendrán? ¿Qué tesoros buscarán? ¿Tendrán poderes?

¿Te has preguntado qué pasaría si se cruzaran los seres fantásticos con todo el bicherío que armaste? ¿Serían amigos o enemigos; compartirían aventuras o lucharían hasta vencer?

## ¡Shhh!...

No hablemos más, que por ahora están dormidos todos los juguetes de cartón...

Ah... ¿Quieres despertarlos para jugar?
Pues entonces...

¡A la acción!

# Orquesta
## de animales

¿Qué es esto que escucho?

¿Una orquesta en mi cama?
¡No son sueños en pijama!

Un rugido con frazada,
un maullido juguetón,
un silbido que entona
y espera su canción

¿Qué es esto que escucho?

Una orquesta anda suelta
entre hojas de cartón
solo espera que recortes
y la llenes con tu voz.

# Técnicas para crear personajes con movimiento

**Necesitas:**

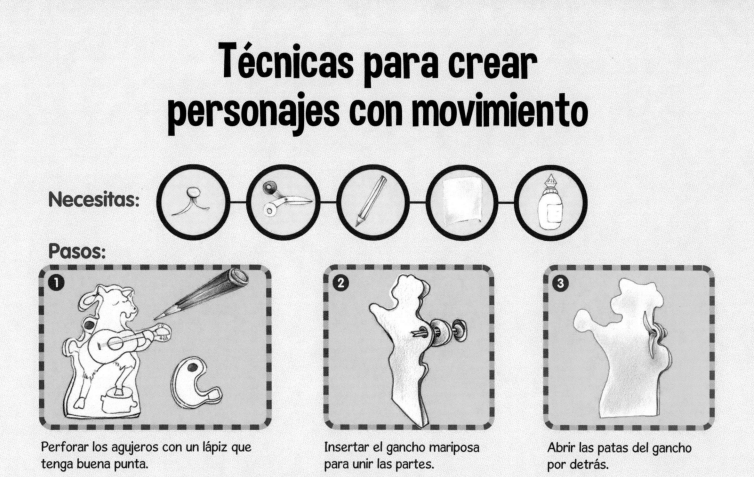

**Pasos:**

**❶** Perforar los agujeros con un lápiz que tenga buena punta.

**❷** Insertar el gancho mariposa para unir las partes.

**❸** Abrir las patas del gancho por detrás.

## Seres fantásticos

Antes de comenzar, combina las distintas partes como quieras...

**Algunos ejemplos** ➡

## Extras para pegar

**❶** Recortar ojos, bocas, cuernos o lo que desees.

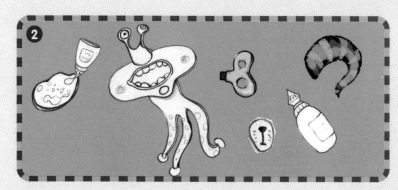

**❷** Pegar las partes recortadas sobre el personaje creado.

# Seres fantásticos

Los seres fantásticos
fantasean felices
con narices y orejas de chicos en sus caras.

Los chicos chicuelos,
chispas sacarían
si tuvieran sus alas de plumas marinas.

Los seres fantásticos
se cansan cada mañana
de encontrar rulos en su panza.

Los chicos chiquitean
mientras buscan un espejo
que se duerma en su reflejo

y por un día
tal vez,
les muestre todo al revés...

Los seres fantásticos
fastidiados están
de mirar con los pies.

Los chicos charlotean,
prueban cómo trepar
y dan la vuelta.

Entonces,
cabeza abajo,
los seres y los chicos
al fin se encuentran...

# Cabezas y torsos

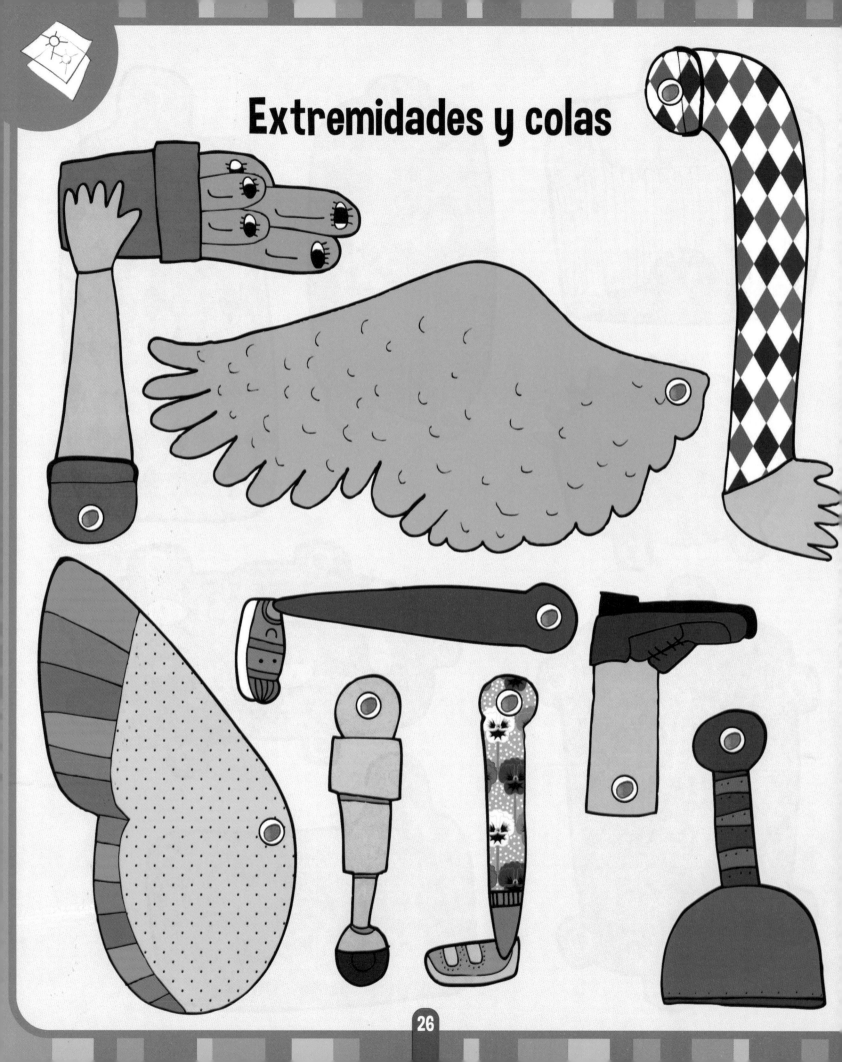

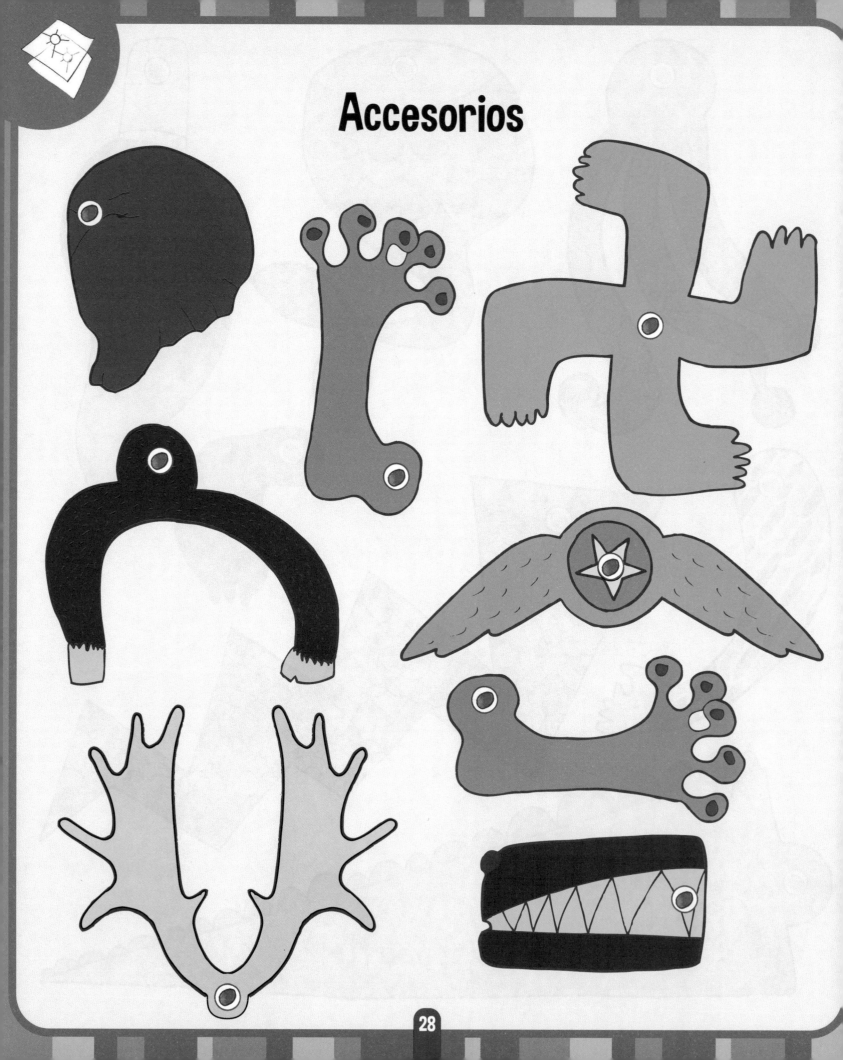

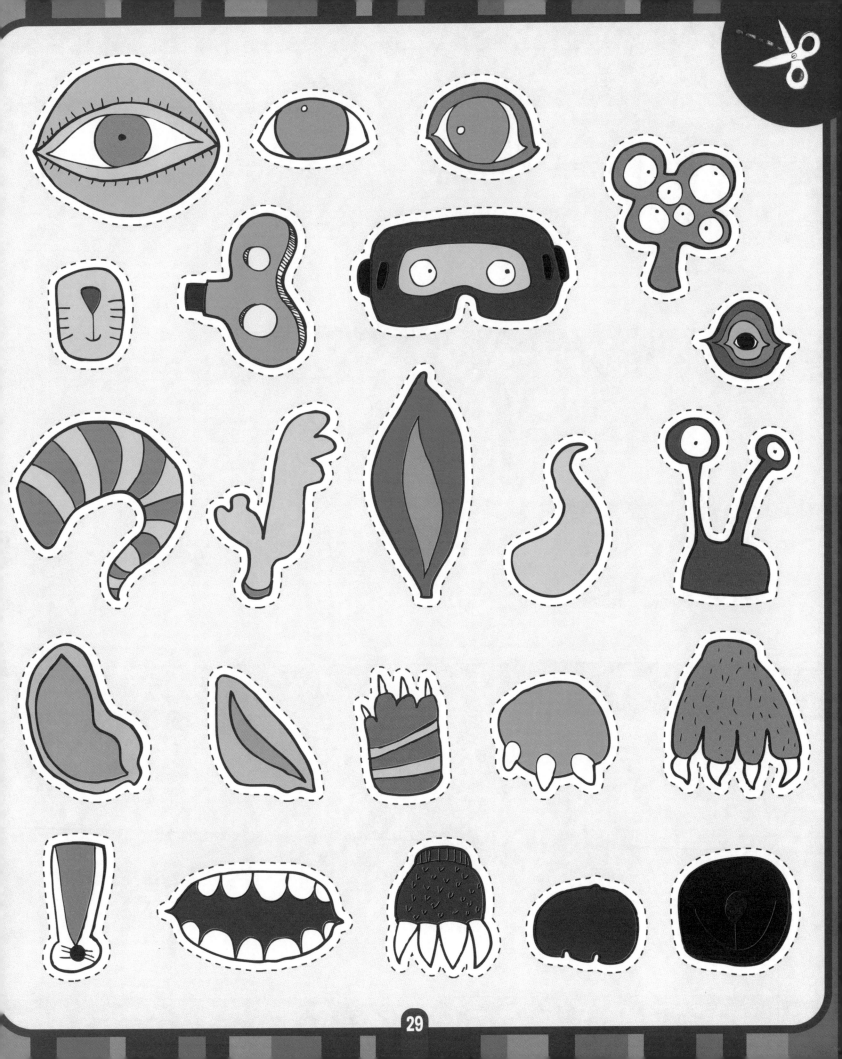

# Bicherío

Bicho bichote con manchas y bigote.
Bicho bichote ¡no aparezcas, no me toques!

No me asustes,
no andes suelto
y sin apuro,
no te metas
en mi cama
ni en mi escote.

¡Bicho grandote!

Bicho bichito con alas y un ganchito.
Bicho bichito que baila dos pasitos.

Si me quieres
aunque sea un poquito,
si me muestras
tu secreto de hilitos,
si acaricias con tus alas
mi ombligo...

¡Entonces te quedas conmigo!

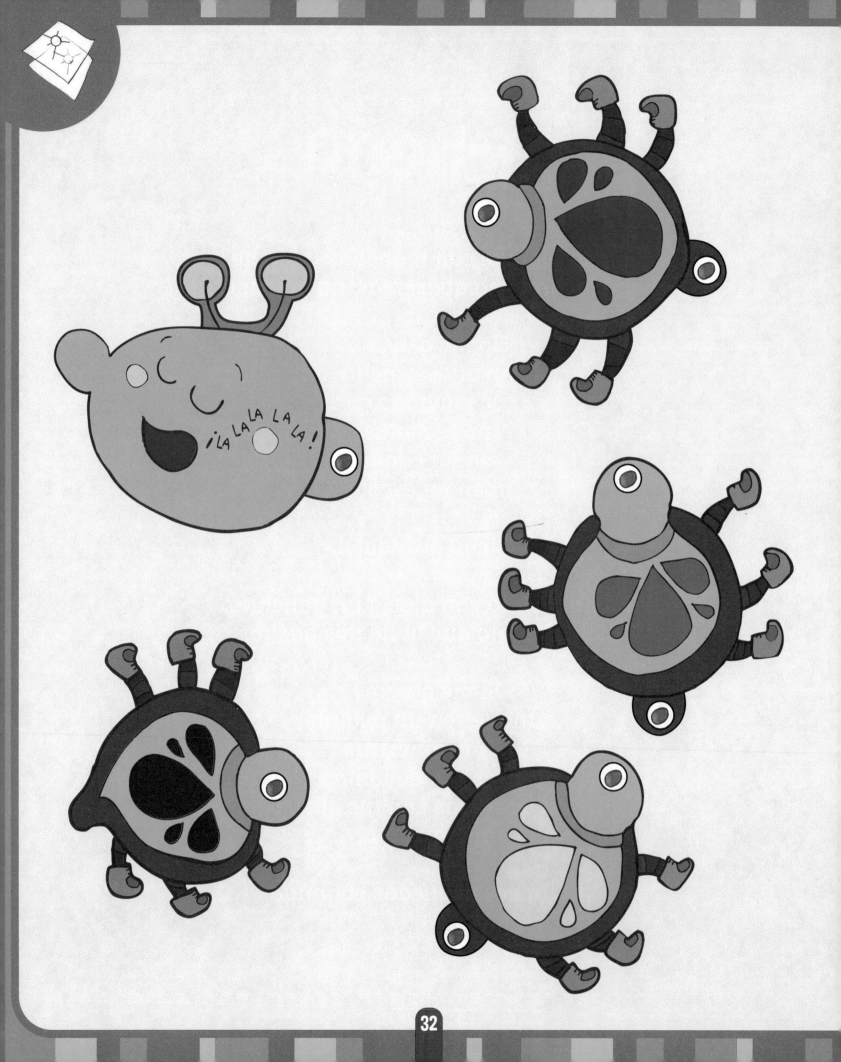

B

B

A

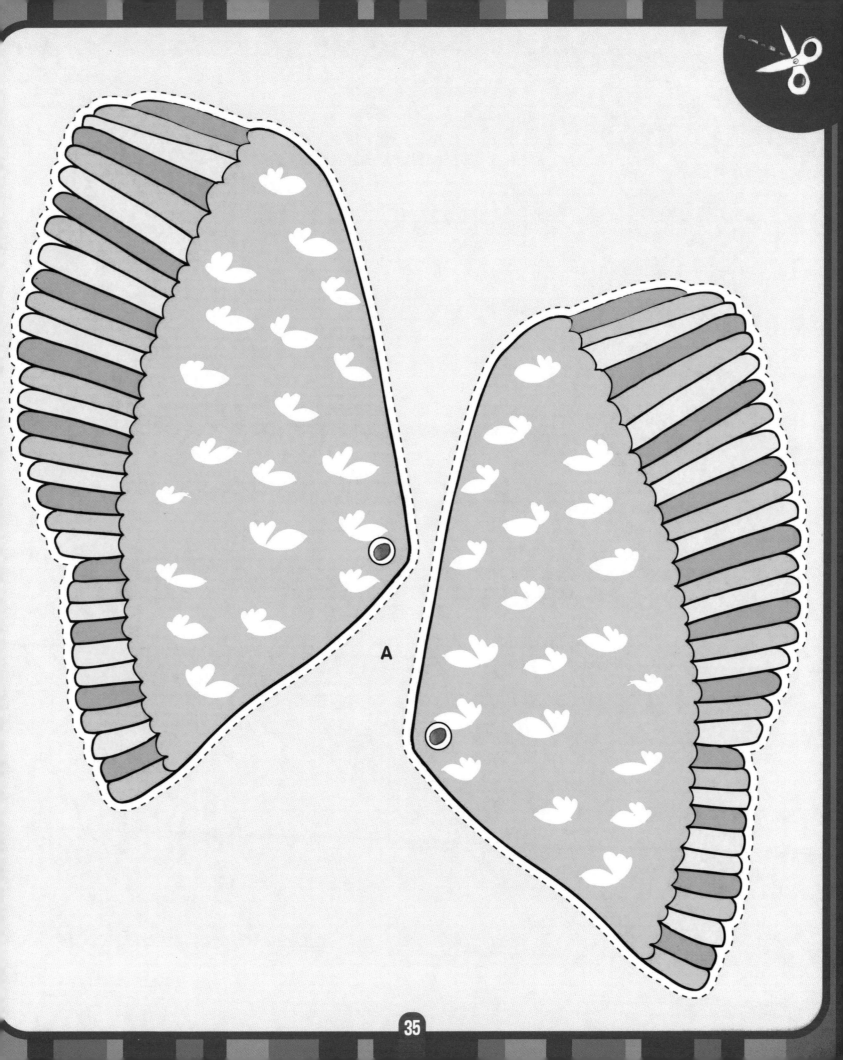

A

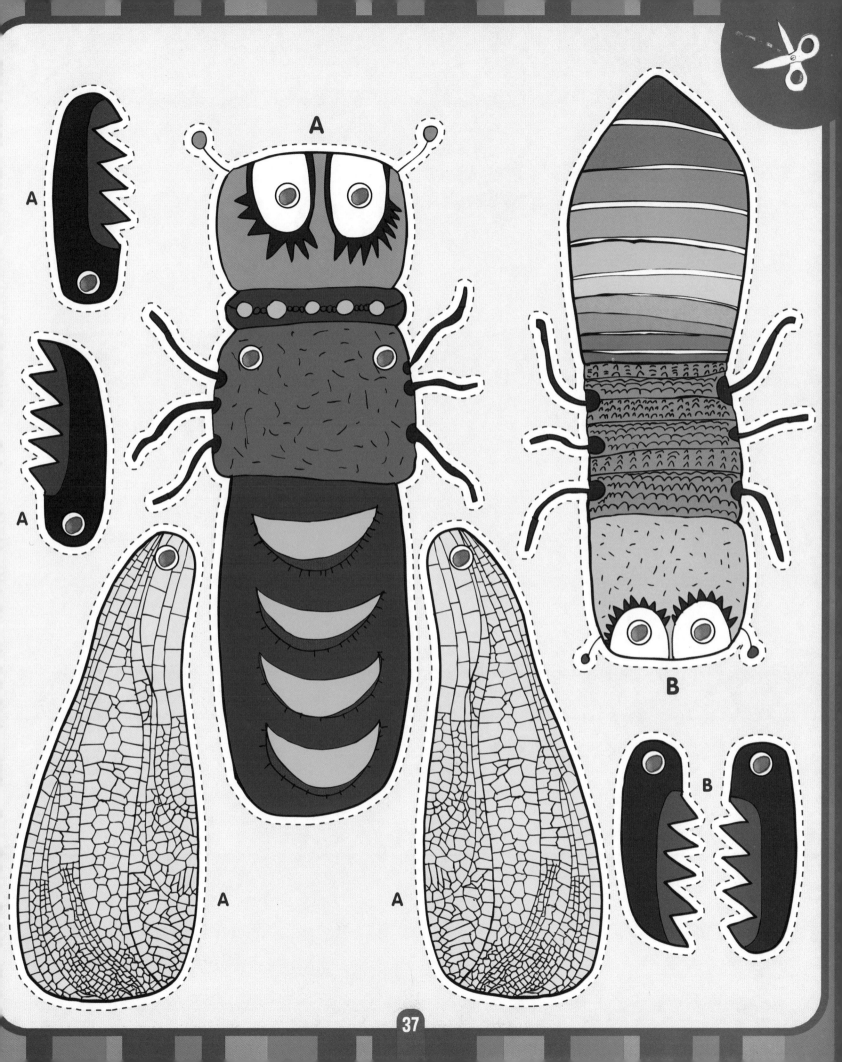

A

A

A

A

A

A

A

B

B

# Familias con sorpresas

**Abre puertas y ventanas que esconden sorpresas para jugar.**
**Descubre cómo puedes hacer para que estas familias se mantengan de pie.**

 Asusta a tus amigos con estos simpáticos cocodrilos...
A ver, a ver, ¿qué hay por acá?

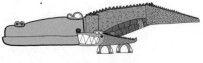

### ¡¡¡CUIDADO!!!

No te acerques mucho al bebé Coquito o el papá Coco... la boca abrirá y
los dientes te mostrará.

 La Mamá Gallina canta su canción de cuna.
Pero los pollitos, ¿dónde están?

➡ ¿Y esta señora? ¿Qué esconderá en su panza con tanta ternura?

➡ Un pez nada que te nada de aquí para allá. Si lo abres ¿qué encontrarás?

   Una vez que hayas armado las familias de estas páginas, puedes, además, jugar con tu
propia familia. Para ello, haz un retrato de tu familia repitiendo la técnica de las tapitas:

**1** Dibuja sobre cartulina a los integrantes de tu familia.

**2** Recorta por el contorno.

**3** ¿Quién esconde qué? ¿Llevas un regalo bajo tu abrigo? ¿Tu mamá tiene una sorpresa en el bolso? ¿Tu hermano esconde en un bolsillo un juguete tuyo? Dibuja lo
que te imaginas en las figuras.

**4** Tapitas para ocultar lo que esconde tu familia. Puedes realizarlas siguiendo la
técnica de calcado, para dibujar las formas que oculten lo que quieras esconder.
Luego, las cortas y las pegas como ya has hecho con las familias de estas páginas.

# Ventanas

Juegan.
Abren y cierran por las mañanas.

Juegan.
Abren o cierran, suben y bajan.

No paran nunca
si espías tras la ventana.

Juegan
y ocultan sorpresas

que esperan una mirada.

# Técnicas para armar ventanas y encastres

**Necesitas:**

👁 Elige el modelo que deseas hacer y cacalo

## Pasos:

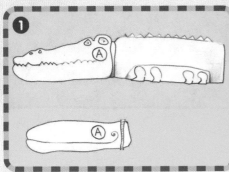

**1** Una vez recortadas las partes, juntar la figura A con la tapita A, la B con la B, etc.

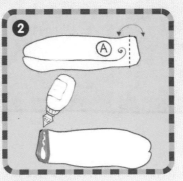

**2** Plegar la tapa donde encuentres este dibujo ▼ y pon pegamento en la pestaña doblada.

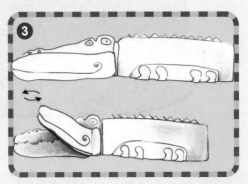

**3** Pegar la tapa A a la figura A, la B a la B, etc., haciéndola coincidir con el dibujo.

## Técnica de encastres

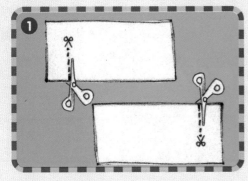

**1** Hacer pequeños cortes donde indica la línea punteada.

**2** Encastrar las partes por los cortes.

**3** Ejemplo:

Insertar patas y encastrar.

# Coco y Coquito

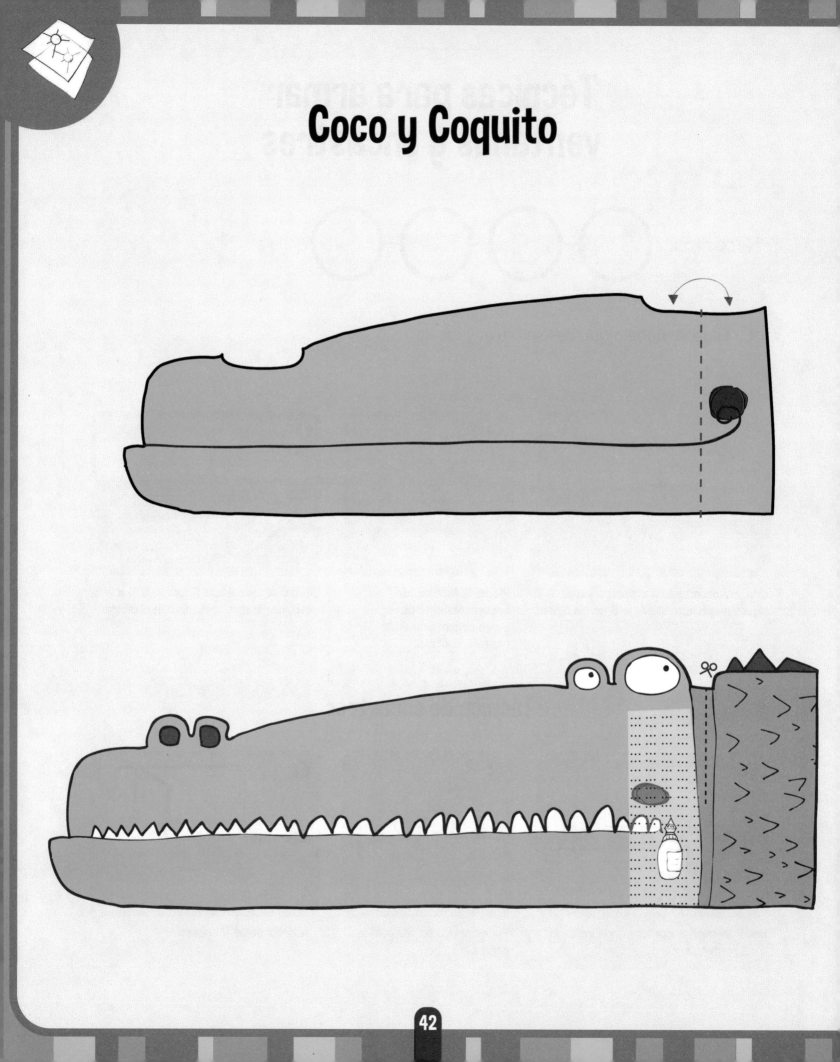

Mamá Salina

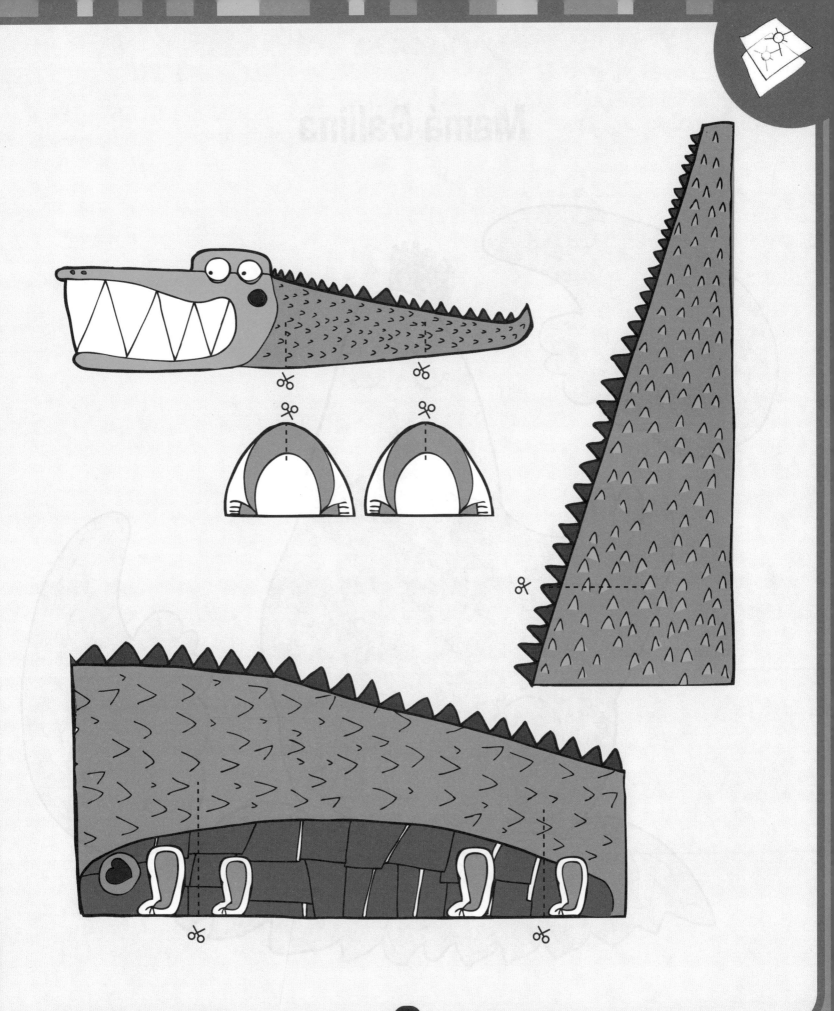

# Mamá Gallina

# Nada por aquí, nada por allá

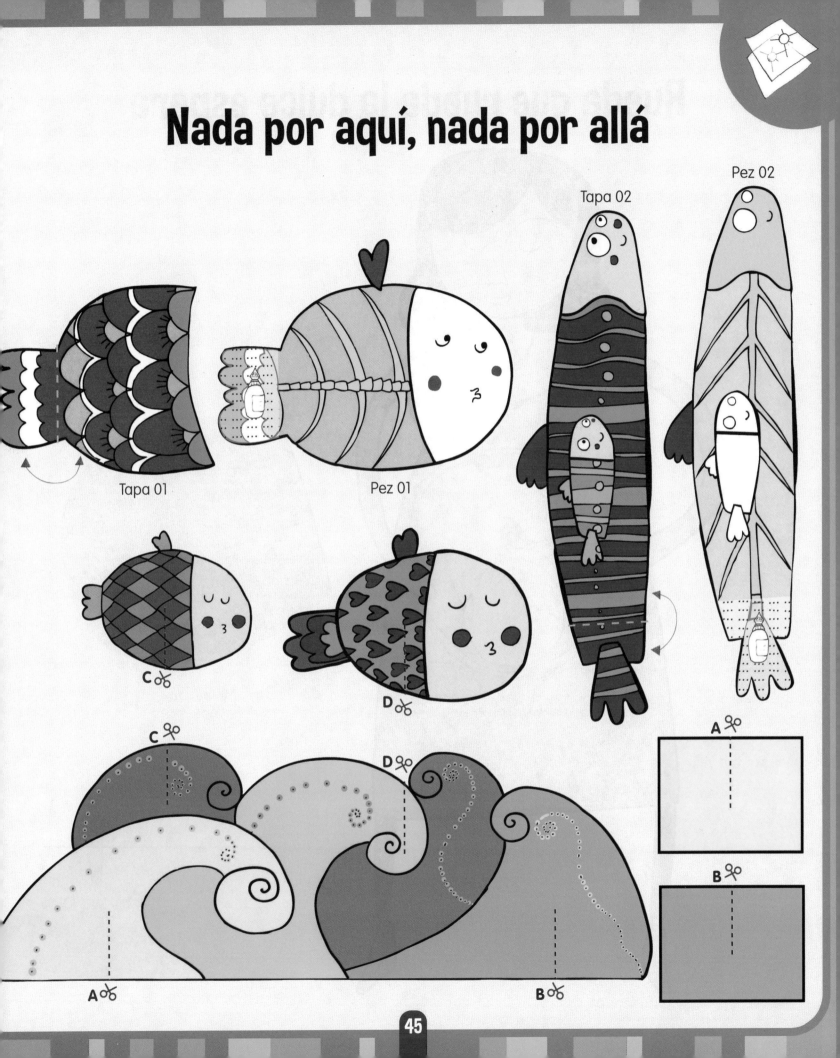

Tapa 01

Pez 01

Tapa 02

Pez 02

C ✂

D ✂

C ✂

D ✂

A ✂

B ✂

A ✂

B ✂

45

# Rueda que rueda la dulce espera

# Teatro de títeres

¡¡Señoras y señores!! ¡¡Niñas y niños!! ¡¡Damas y caballeros!!

¡¡¡Familia, amigos, vecinos, perros y gatos!!!

Vengan todos, acérquense que...

## ¡¡Comienza la función!!

Hoy tenemos el gusto de presentar en nuestro majestuoso Teatro de Cartón a:

- **Los títeres de guante**
- **Las marionetas y...**
- **Los títeres de sombra**

Construidos y manejados por sus propios dueños...

## ¡¡Aplausos por favor!!

Como ves, el público te espera.

Te damos aquí algunas sugerencias para crear tu propia compañía de títeres, una vez que los hayas realizado.

 Invita a tus amigos o familia para que te ayuden a manipular los títeres y compartan la creación de tu "Compañía".

 Ponle un nombre a cada personaje.

 Si no quieres improvisar, puedes buscar un cuento para que interpreten los títeres o escribir uno propio. También hay obras de teatro para títeres, como las de Javier Villafañe, o el libro *Quiero ser titiritero* de la colección Viajeros de Uranito Editores.

 Jugar distintos tonos de voces para que hablen los títeres. Si además tienes en casa un teléfono celular o un ordenador que grabe, puedes probar las voces y luego escucharte.

 Con el grabador, también puedes grabar sonidos para darle más clima a tu historia. Por ejemplo, si los personajes pasan por un río, puedes grabar el sonido del agua al caer en la bañera. Seguro se te ocurren muchos sonidos más...

→ Hacer un cartel anunciando la función. También recortar y pintar invitaciones o entradas.

# Ya comienza la función

¡Ya comienza la función!
Las luces se encienden,
los aplausos crecen...
Y ahí estoy yo.

No veo actores ni escenarios,
no veo nada, por favor.
Veo blanco y amarillo,
rojo, azul y qué sé yo.

¿Dónde está la historia,
el personaje,
la canción?
¿Dónde están las palabras
y la magia
y la acción?

Sin embargo,
no hay silencio.
Solo aplausos oigo yo.
Y las luces...

Esas luces que no saben,
que no escuchan,
que no entienden
me encandilan
y me envuelven...

¿Dónde estoy yo?

No veo nada
no me muevo.

Pero sí me muevo
y no soy yo.
Son los hilos que deciden
dónde voy.

¡Señor titiritero!
Deme el gusto, solo hoy,
no me diga mis palabras,
no susurre con mi voz.

Escuche, escuche...
Yo le canto mi canción.

La invento paso a paso
y no sigo un guión
solo hago lo que quiero,
suelte el hilo...

¡Por favor!

# Con ustedes... ¡Los títeres de guante!

**Necesitas:**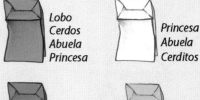

## Preparativos:

Las  puedes comprarlas en tiendas donde vendan artículos de embalaje o en papelerías y pueden ser de papel madera o de otros colores.

¡¡ 👁 !! Todos los títeres tienen partes para que dibujes en las bolsas, y otras recortables del libro para agregarles luego.

Cada personaje tiene su color de fondo. Si puedes, consigue las bolsas ya de dichos colores. De lo contrario, pinta las bolsas con témperas y pincel gordo o rodillo pequeño.

Además, las bolsas se usan siempre así y con la base plegada hacia delante. ➡

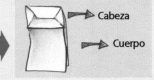

Lobo
Cerdos
Abuela
Princesa

Princesa
Abuela
Cerditos

Caperucita

Sapo

Cabeza

Cuerpo

## Pasos:

**1**

Dibujar con marcador negro las partes del cuerpo NO recortables, siguiendo los modelos.

**2**

Pintar detalles (hocico de los cerdos o el del lobo). Usa: marcadores, témperas, papeles de colores o ceras.

**3**

Recortar las partes rodeadas por la línea punteada y pegarlas sobre la bolsa de papel.

## Personajes que abren y cierran sus bocas

**1**

Continuar el dibujo de las bocas, por debajo de la base plegable de la bolsa.

**2**

Secuencia de apertura de las bocas del Lobo y el Sapo.

# Los tres cerditos y el lobo feroz

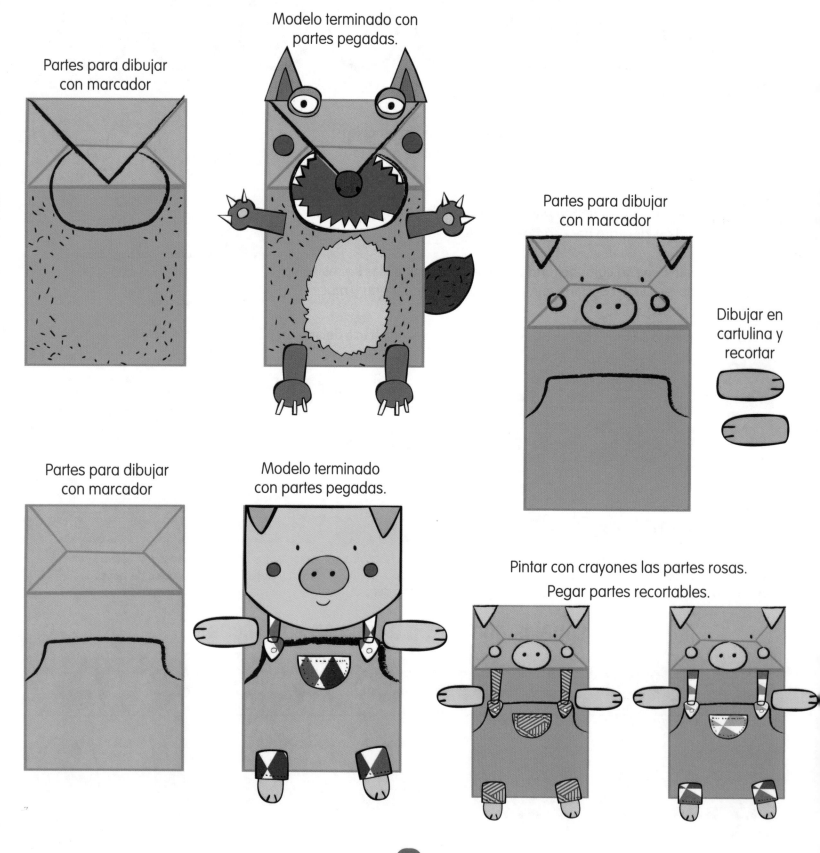

Partes para dibujar con marcador

Modelo terminado con partes pegadas.

Partes para dibujar con marcador

Dibujar en cartulina y recortar

Partes para dibujar con marcador

Modelo terminado con partes pegadas.

Pintar con crayones las partes rosas.
Pegar partes recortables.

# Para recortar y armar al lobo

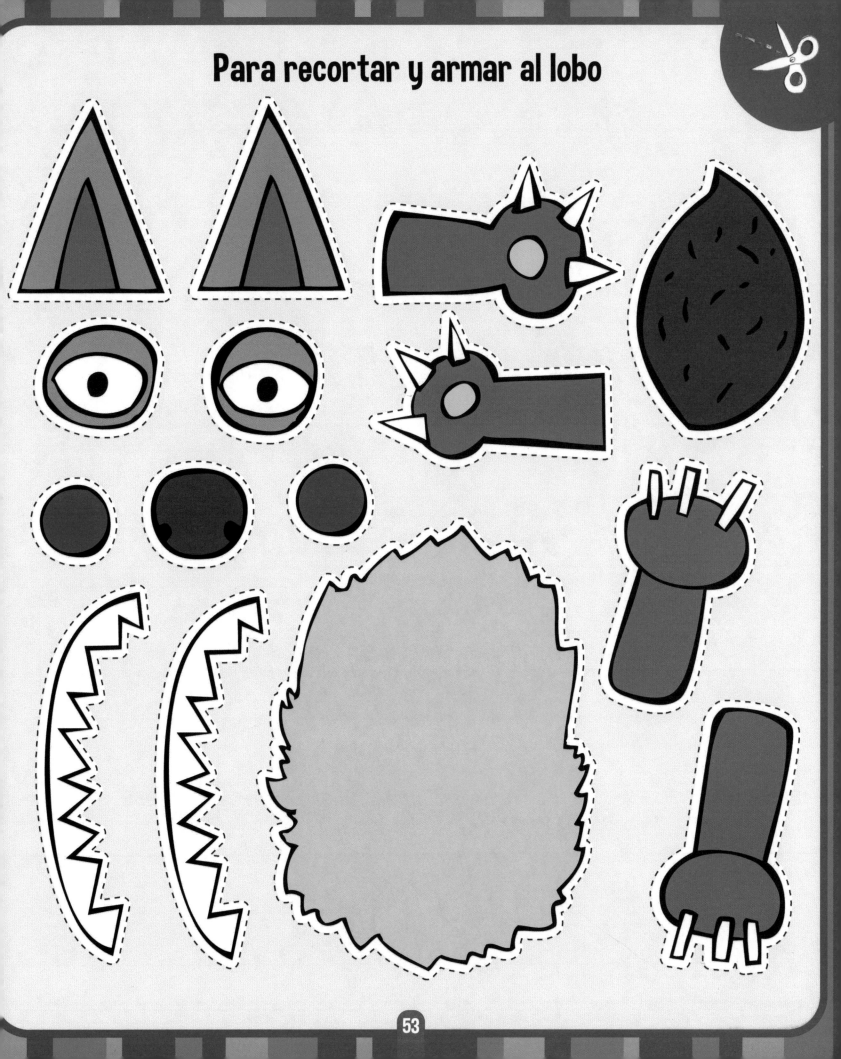

# Para recortar y armar cerditos

# Para recortar y armar a Caperucita

REALIZAR SOBRE UNA BOLSA DE PAPEL ROJO

Partes para dibujar con marcador

Modelo terminado con partes pegadas

# Para recortar y armar a la abuela

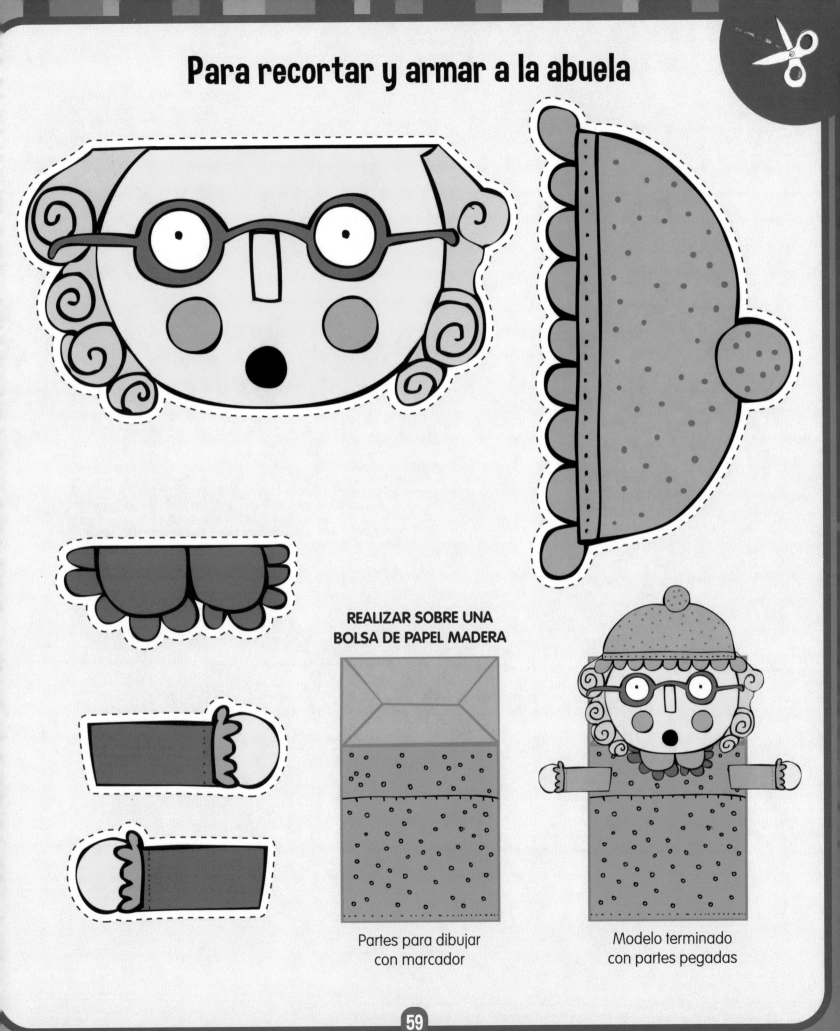

REALIZAR SOBRE UNA
BOLSA DE PAPEL MADERA

Partes para dibujar
con marcador

Modelo terminado
con partes pegadas

# Para recortar y armar a la princesa y el sapo

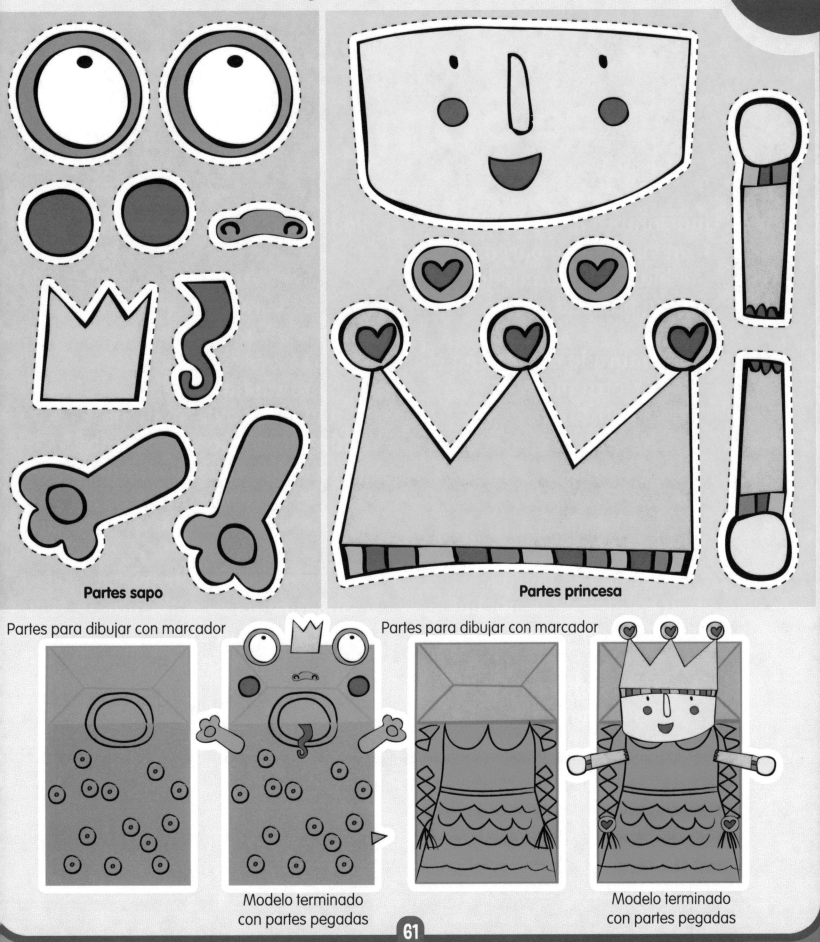

**Partes sapo**

**Partes princesa**

Partes para dibujar con marcador

Partes para dibujar con marcador

Modelo terminado
con partes pegadas

Modelo terminado
con partes pegadas

# Teatro de Sombras

Una sombra crece y crece
en su casa de pared,
el blanco le da miedo
y no para de crecer.

Otra sombra lo acompaña.
Y otra más,
y otra más.

Y más.

Y más...

El blanco se pierde,
en la calidez de la noche
su día amanece.

Las sombras
se mueven,
patalean y protestan.
Ríen
y se muestran.

Poderosas se transforman...

Vuelan,
reptan,
gozan.

Ya no hay miedo
en lo oscuro de su juego.
Algún monstruo se aventura,
pero todas ellas se suman,
lo capturan.

Sombras:
reinas de la noche.
Sus formas se deforman
inquietas,
juguetonas.

# Cómo hacer títeres de sombra

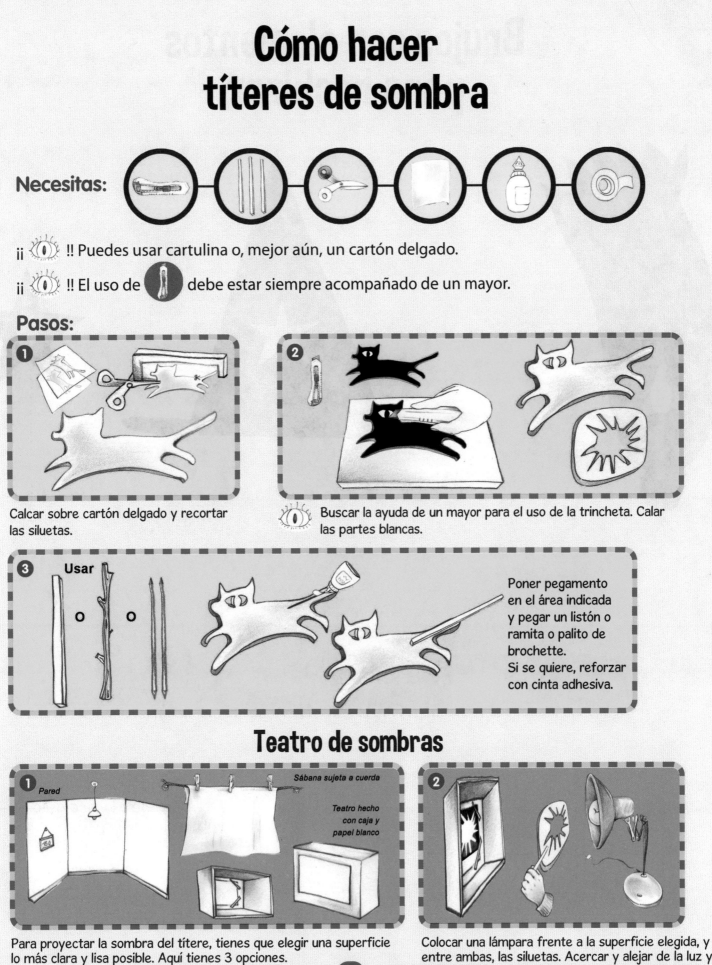

**Necesitas:**

ii 👁 !! Puedes usar cartulina o, mejor aún, un cartón delgado.

ii 👁 !! El uso de 🔪 debe estar siempre acompañado de un mayor.

## Pasos:

**1** Calcar sobre cartón delgado y recortar las siluetas.

**2** 👁 Buscar la ayuda de un mayor para el uso de la trincheta. Calar las partes blancas.

**3** Usar

Poner pegamento en el área indicada y pegar un listón o ramita o palito de brochette.
Si se quiere, reforzar con cinta adhesiva.

## Teatro de sombras

**1** Pared

Sábana sujeta a cuerda

Teatro hecho con caja y papel blanco

Para proyectar la sombra del títere, tienes que elegir una superficie lo más clara y lisa posible. Aquí tienes 3 opciones.

**2** Colocar una lámpara frente a la superficie elegida, y entre ambas, las siluetas. Acercar y alejar de la luz y observar lo que sucede con la sombra proyectada.

# Brujos con elementos para hechizar

La bruja se arma poniéndole el sombrero a la madrastra. (Usa cinta de papel.)

# Hermanitos

Estos calados se pueden hacer con sacabocados.

# Papá leñador y madrastra

# Casa en el bosque

Estos calados se pueden hacer con sacabocados.

# Noche, día y horno de la bruja

# Señoras y señores...
# ¡Comienza la función!

## ¿Cómo hacer tu propio teatro de títeres?

### Necesitas:

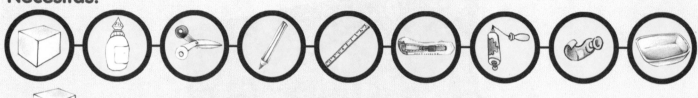

La  que sea lo más grande posible. Puede ser de las que se descartan al comprar electrodomésticos.

### Pasos:

**❶**

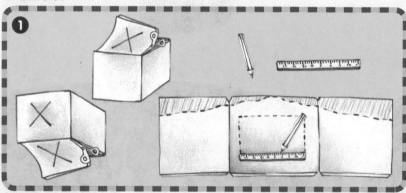

Repetir el paso 1 del Teatro de Sombras.
Dibujar, además, el contorno de la parte de arriba del teatro.

**❷**

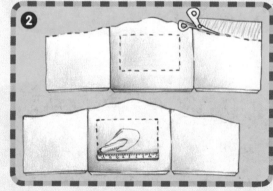

Recortar la parte superior y calar la ventana.
¡¡ 👁 !! Al usar la trincheta, pedir ayuda a un mayor.

## Decoración del teatro

**❶**

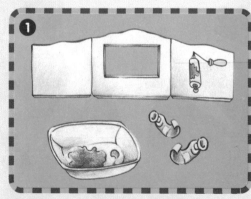

Pintar con rodillo el fondo del teatro. Elegir un color y cubrir todas las paredes.

**❷**

Copia los modelos sobre cartón o papeles de colores (afiches, cartulinas) Recórtalos. Repasa los contornos con un marcador grueso. Pegar sobre el teatro.

**❸**

¡¡Comienza la función!!

# Títeres en acción

## Necesitas:

ii 👁 !! El uso de 🔪 debe estar siempre acompañado de un mayor.

## Pasos:

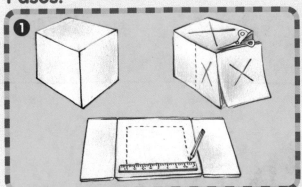

Desarmar 1 caja lo más grande posible. Quitar las partes sobrantes, marcadas con **X**. Dibujar con regla, en la parte central, el contorno de la ventana. Dejar a los costados, arriba y abajo, por lo menos 5 cm.

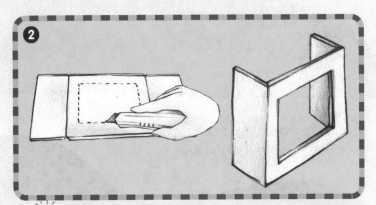

ii 👁 !! Buscar la ayuda de un mayor para el uso de la trincheta. Calar la ventana.

Pegar con pegamento en las esquinas, un papel de calco o vegetal 4 cm más ancho y largo que la ventana de la caja. Reforzar con cinta.

¡Luz, cámara, acción! Para proyectar las sombras oscurece todo y enciende una lámpara o linterna.

# Teatrino
## Ideas para decorar

**A** Tres ideas para decorar la parte superior del teatrino

TíTeReS

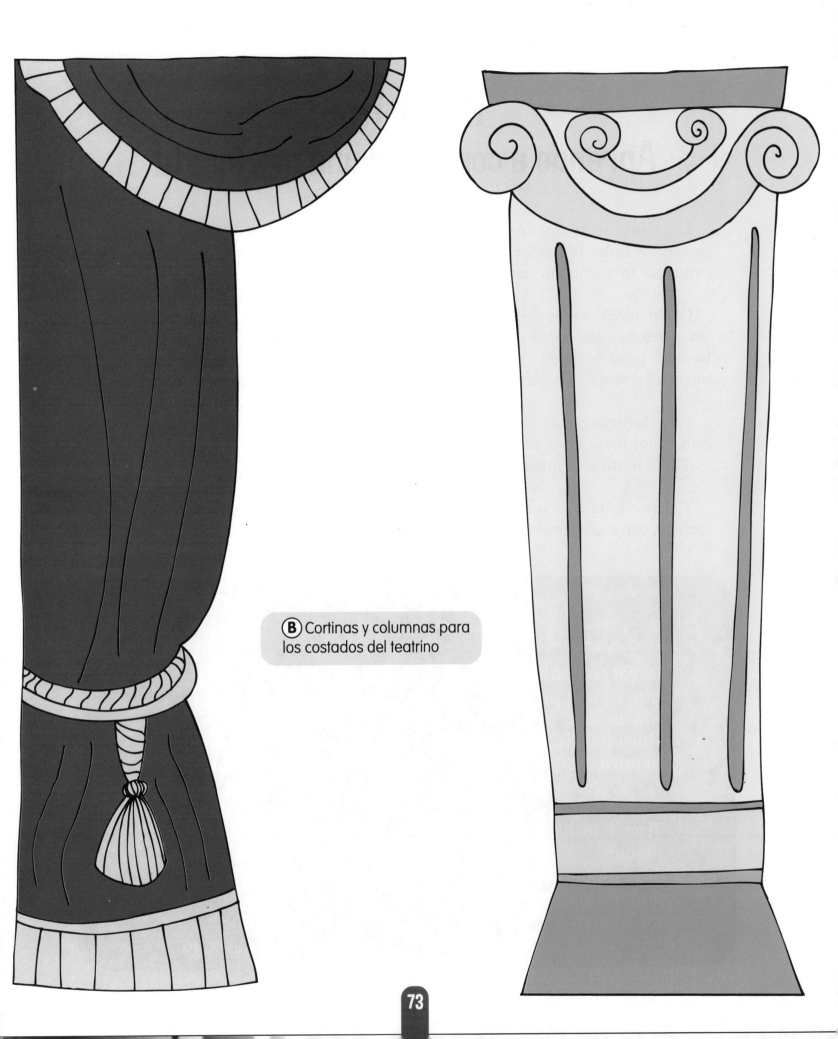

**B** Cortinas y columnas para los costados del teatrino

# Robot Tito
## Aprende a construir una marioneta

Las marionetas son un tipo de títere. Su magia se encuentra en la forma de mover los hilos. Por eso, una vez que construyas a Robot Tito, te aconsejamos practicar moviendo la cruceta a la que están atados los hilos.

Como además eres el inventor de Robot Tito, piensa para qué sirve y escribe una lista con las cosas que él sabe hacer. Seguramente se te ocurrirán más botones para agregar y así Robot Tito podrá realizar más tareas. Los botones puedes fabricarlos pegando tapitas de bebidas de distintos colores.

¿Qué locuras hará Robot Tito si se le escapa, como en la poesía, un tornillo? A lo mejor baila un break dance o un rap...
¡Ponle tu música favorita y hazlo bailar moviendo los hilos al compás!

Y si se siente solo y necesita una pareja de baile, ahora que aprendiste la técnica, construye una marioneta con tu propio diseño.

Robot con botón
mueve una pierna,
mueve dos.
Hace todo lo que quiero
lo miro desde el sillón.

¡Robot!
Trae la leche.
¡Robot!
Trae un bombón.
¡Robot, dale!,
me aburro...

Robot, apúrate,
¡yo no voy!

Pero hoy el robot está loco;
aprieto y aprieto el botón.
Robot no trae la leche,
Robot se come el bombón.
Sus tuercas chirrían
chocolate
no es grasa ni latón.

Y un tornillo,
así cayó...

# Técnicas para crear
# una marioneta de cartón

**Necesitas:**

¡¡ 👁 !! Esta vez, en lugar de usar cartulina, utiliza un cartón. Puede ser reciclado de cajas de cereales, la parte trasera de los blocs de dibujo, etc.

## Pasos:

**①**

Cortar las partes del Robot previamente calcadas sobre el cartón. Perforar en ●.

**②**

Decorar las partes. Pintar fondos y pegar accesorios. Dejar secar.

**③**

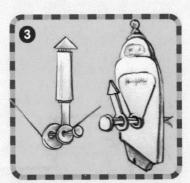

Unir con un gancho mariposa, el depósito de gasolina y su aguja al torso.

## Cruceta fácil realizada con cartón

Utilizar un cartón más grueso para que resista mejor (2mm aprox. de espesor) y pedir ayuda a un mayor para cortarlo.

**④**

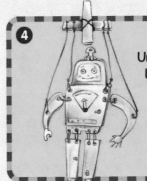

Unir brazos y piernas al torso con hilos. Luego, cortar 2 hilos de 15 cm y otros 2 de 20 cm aprox. y enhebrar un extremo a los agujeros del robot y el otro a la cruceta. Utilizar hilo resistente.

**⑤**

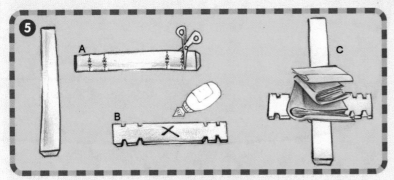

Cortar 2 tramos de cartón de 5 cm x 15 cm aprox.
Cortar en uno 4 ranuras enfrentadas, 2 a cada extremo (fig. A).
Aplicar pegamento en la **X** y pegar en cruz. Dejar secar (fig. C).

**⑥**

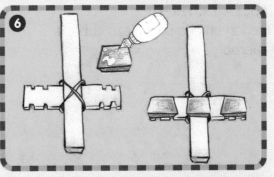

Unir la cruceta al robot, insertando el hilo en las ranuras. Atar. Reforzar la unión de los hilos a la cruceta, pegando encima unos cuadrados de cartón.

# Robot Tito
## Figura 1: cabeza y torso

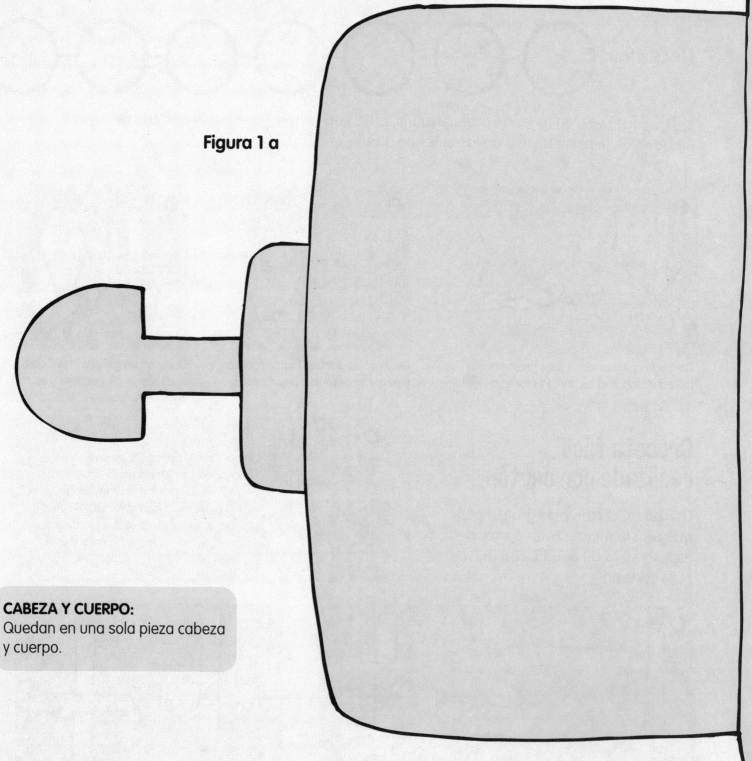

**Figura 1 a**

**CABEZA Y CUERPO:**
Quedan en una sola pieza cabeza
y cuerpo.

Agujerito 1
para colgar
a cruceta

**Figura 1 b**

Agujeritos
para unir
brazos

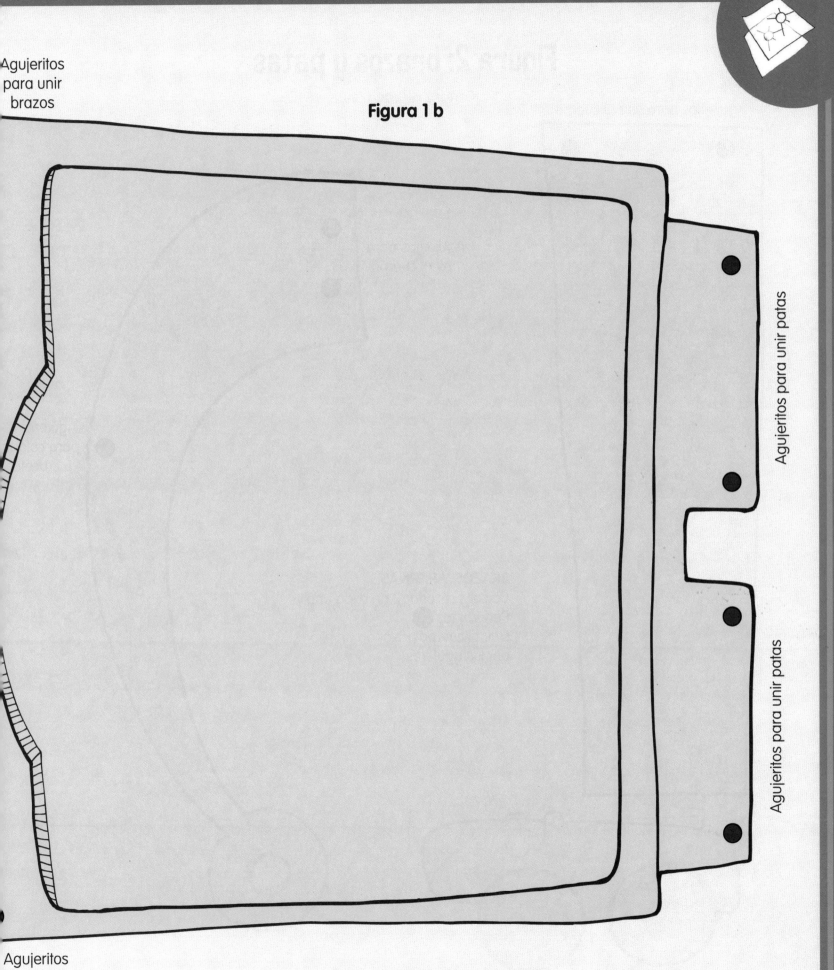

Agujeritos para unir patas

Agujeritos para unir patas

Agujeritos
para unir
brazos

# Figura 2: brazos y patas

(Cortar 2 de cada uno)

Agujeritos para unir al cuerpo

Agujeritos para
unir al cuerpo

Agujerito 2
para colgar
a cruceta

**BRAZOS Y PIERNAS:**
Calcar y recortar 2 de cada uno.
Perforar los ●.
Unir al cuerpo pasando un hilo
por los agujeros.

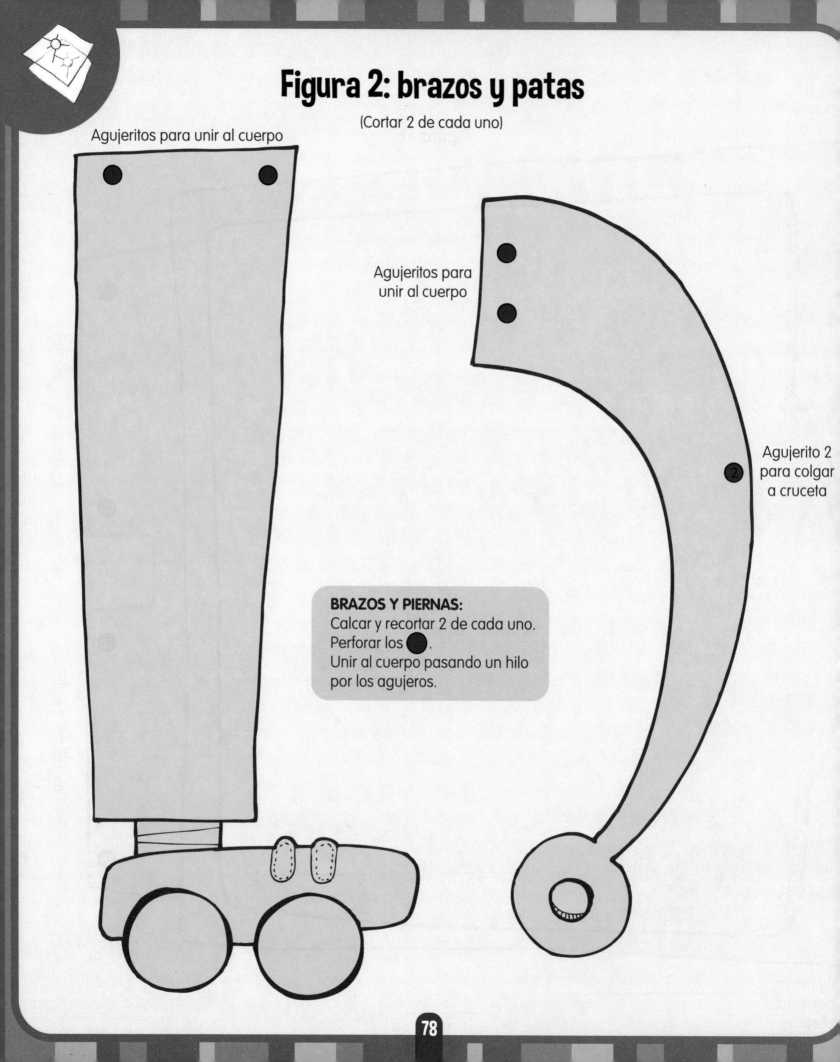

# Accesorios para recortar y pegar en el torso

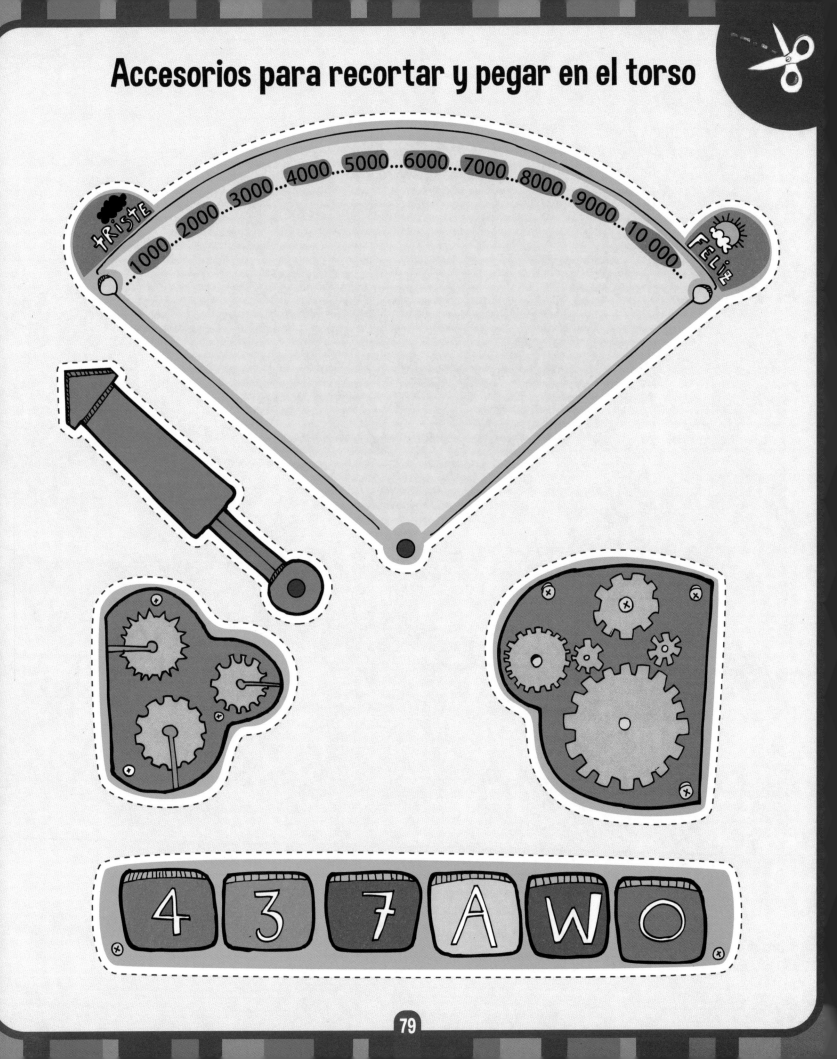

Ruedas para zapatos

Antena

# Móviles para soñar

Los móviles giran como calesitas en tu habitación. En cada vuelta, te regalan sus colores y formas. Si te encuentras en la orilla de tu cama, cada color, además, te llevará de la mano para que elijas el sueño de esta noche.

Los móviles son sabios en sueños, y regalan uno por cada niño que los mira antes de dormir.

Una nave te lleva a otro planeta, una serpiente aparece entre las plantas de la selva que estás explorando, o un castillo te invita a vivir aventuras de caballeros y princesas.

Tú eliges.

Y como es tu sueño, puedes llevar acompañantes y traer deseos.
Mientras, una vuelta y otra más, los ojos se cierran y...

Había una vez...

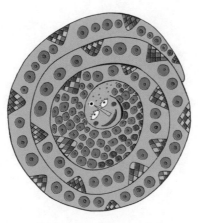

Serpentea la serpiente

Viaje a las estrellas

83

# Sueños

Sueño que sueño
que te sueño.

Sueño sin principio ni fin.

Sueño que sueño que te sueño.

Y ahora me voy a dormir...

# Técnicas para construir móviles

¡¡ 👁 !! Una vez que hayas cortado o calcado, según se indique en cada página, el secreto para que los móviles queden bien es que el peso de las partes esté equilibrado. Por ejemplo, en la serpiente, el agujero para agregar el hilo debe estar bien centrado. En el móvil espacial, deben estar repartidas equitativamente las figuras alrededor de la nave. En el castillo, la ranura para el encastre debe estar lo más centrada posible.

## Necesitas:

## Pasos:

**①** Calcar la serpiente. Recortar los contornos de las figuras, y en todos los sitios que indique ✂- - - -.
Perforar donde están los ●.

**②** Decorar pintando o con collage pegando papeles de colores.

**③** Cortar aproximadamente 20 cm de hilo y enhebrar en los agujeros.
Hacer 〰 a ambos lados de la cartulina y reforzar con pegamento.

## Encastre

**①** Recortar ranuras por las líneas punteadas.

**②** Encastrar. Agregar hilo en los 4 extremos del castillo.

# Serpentea la serpiente

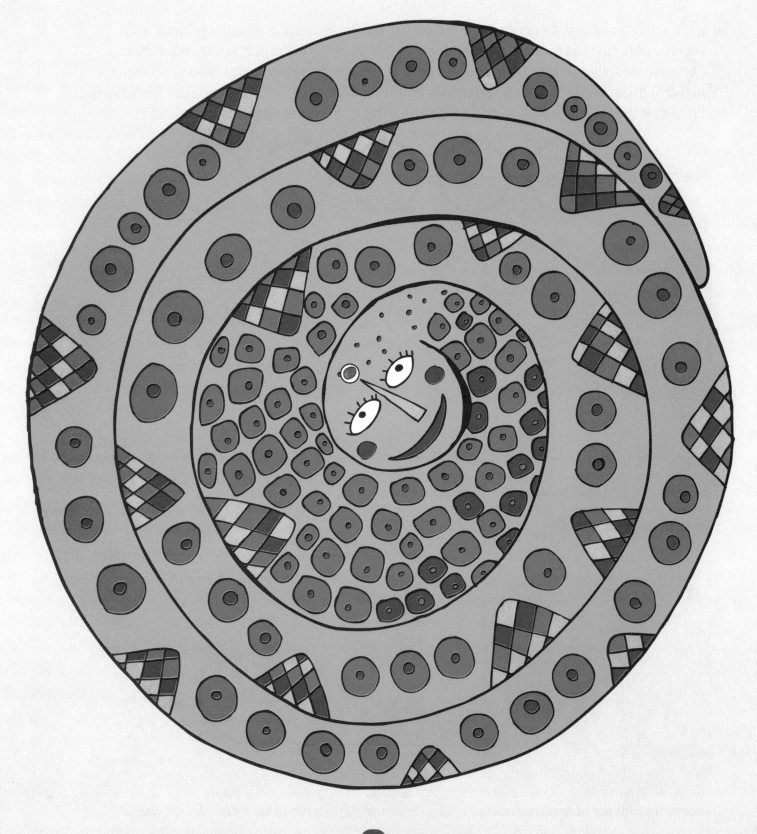

# Viaje a las estrellas

Usar una varilla para colgar el móvil.

# Había una vez...
## Castillo

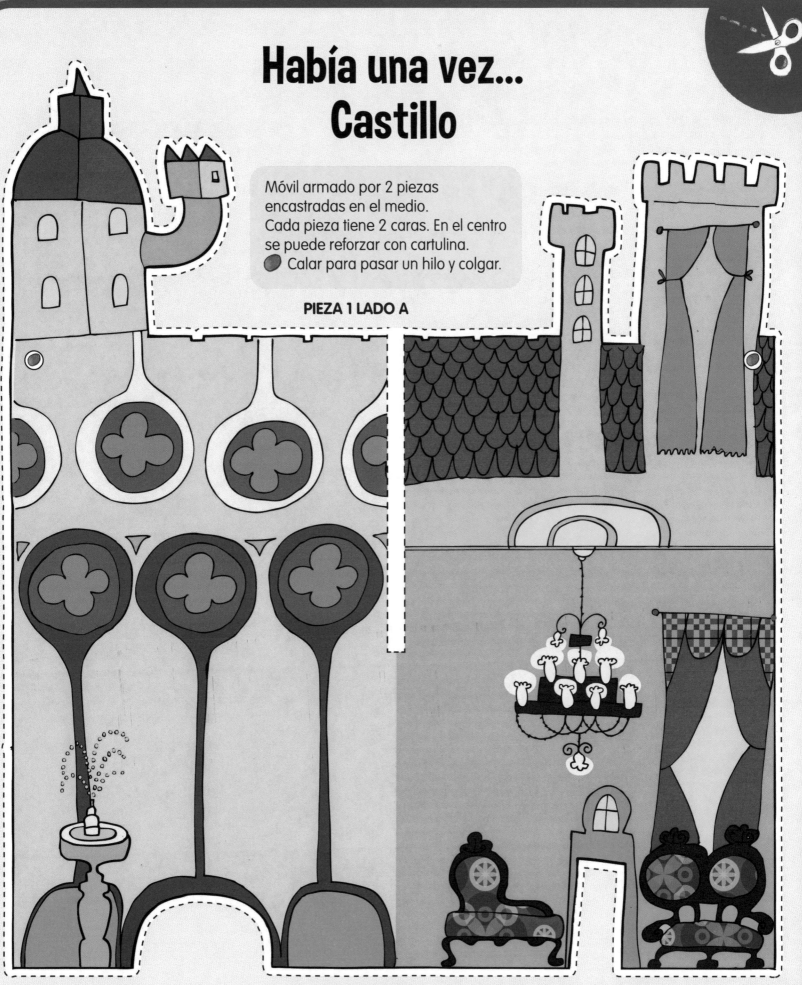

Móvil armado por 2 piezas encastradas en el medio.
Cada pieza tiene 2 caras. En el centro se puede reforzar con cartulina.
Calar para pasar un hilo y colgar.

**PIEZA 1 LADO A**

# Castillo

PIEZA 1 LADO B

# Castillo

PIEZA 2 LADO A

# Castillo